춘추80

월간 문학세계 초대시&특집시 모음

황규현 팔순 기념 시집

| 저자의 말 |

두번째 시집을 출간하면서

아들의 혼인에 맞춰 첫 번째 시집 『저잣거리의 외발 비둘기』를 출간한 지가 어언 26년이란 세월이 흘렀다.

며칠 전 할아버지의 자녀 중 유일하게 생존해계셨던 큰 고모님의 부고를 받았다. 싫든 좋든 이제 내가 우리 집안의 제일 어른이 되었다. 백세에 턱걸이 하시던 고모가 세상을 뜨셨기 때문이다. 해방 이듬해 태어나서 이날까지 우리나라 나이로 팔십에 접어들고 보니 문득 살아왔던 지난날들을 되돌아보게 되었다. 그리하여 "꺼지지 않는 불씨 80년"이라는 제목의 자서전을 이미 완성하였고 그리고 2000년 이후 월간 《문학세계》에 게재된 초대 시와 특집 시편을 모아 나의 삶을 반추하는 계기로 삼아야겠다는 판단으로 이 시집을 내기로 결심했다. 돌이켜 보면 80년이란 세월이 아득한 듯도 싶지만 어느 면에서 보면 한편의 인생 영화를 본 것 같다는 생각이 든다.

해방과 6.25 그 이후의 굶주린 가난의 세월, 어느 집 굴뚝에서 나는 밥 짓는 연기만을 마시고도 시장기가 달래지던 시절에서 4.19 학생 혁명 대열에 끼었던 기억, 군을 제대한 후 대기업에 근무하면서 나름 긍지와 자부심을 가졌던 시절, 나름 크나큰 사명감으로 인류의 건강을 위해 최선을 다해 헌신해온 50여 년의 세월, 그 숱한 보람과 질곡의 세월이 한편의 드라마 같다는 생각이 든다.

주변의 또래 친구나 선배들이 하나둘 이 세상을 하직하는 것을 목도하면서 이제는 인생을 정리해야 할 때가 왔음을 절감한다.

50여 년 전에 돌아가신 나의 할아버지는 엄청난 부를 이루신 분이셨다. 그러나 그분은 돌아가실 때 겨우 동전 몇 닢 저승 노잣돈 만을 가지고 가셨다. 그분의 타계 후 그분의 흔적들은 파도에 지워지는 해변의 모래성처럼 자취마저 찾을 길이 없어져 버렸다. 내가 할아버지에 대하여 안타까움을 갖는 것은 훗날 사라진 재산이 아니라 살아오면서 그분을 흠모하거나 기억할 기록도, 물증도 없다는 것이다.

그리하여 나는 내 손자들과 그 후손들을 위하여 내 삶의 행로, 철학을 태어나 죽음에 이르도록 기록으로 남겨야겠다는 마음을 먹게 되었다.

살아온 과정에서 가난하고 열악했던 것들이 몸에 배어 있어 다소 어둡고, 그늘지게 작품에 투영되어 있을 것이기는 하나, 그것도 다 우리 시대의 역사적 배경에서 기인된 것일지니 그 모든 조건들을 숙명이란 짐으로 짊어지고 살아낸 어깨에 굳은 상흔이 아닐까 한다.

2025년 10월

목차

1부 초대시편

11 … 나는
12 … 파라다이스 공원
13 … 강(江)
14 … 부도
15 … 노고단
16 … 양초
17 … 새벽길
18 … 나 산으로 가 바위가 되고 싶다
19 … 동심
20 … 혼돈
21 … 새싹들은 모른다
22 … 쳇머리 할아버지
23 … 달빛 한줄기
24 … 새참
25 … 중랑천
26 … 수명
27 … 고향 잃은 초로(初老)
28 … 장맛비 속의 장터
29 … 남북 이산가족 상봉 현장에서
30 … 오늘도 나는 사막으로 간다
31 … 가을비 오는 날의 아침
32 … 산
33 … 산다는 거
34 … 워-매 추운 거
35 … 경동시장
36 … 빛은 그렇게
37 … 세밑
38 … 무엇인가
39 … 참회

40 … 침묵으로 살란다
41 … 눈
42 … 노상주점
43 … 비문
44 … 나비(그리고 의미)
45 … 山寺의 아침
46 … 그 들판이 그리웁다
47 … 경춘선
48 … 경동시장에로의 출근
49 … 걸음
50 … 국화
51 … 통통배
52 … 그리움
53 … 영종도 노을
54 … 해고자
55 … 울고 싶을 때가 있지
56 … 배추장사 할매가 죽었다
57 … 단풍 들지 못하는 나무
58 … 내가 너를 사랑하는 것은
59 … 시장은 살아있다
60 … 고운 꿈
61 … 손녀 예지
62 … 대목장의 좌판
63 … 나는 내 인생에 대하여 아무것도 말할 수가 없다
64 … 심마니
65 … 성공
66 … 나팔나리
67 … 로빈슨 크로소
68 … 넝마주이 할아버지
69 … 살아야 한다
70 … 사위

2부 특집시편

73 … 홀로된 밤에
74 … 코스모스
75 … 그해 겨울
76 … 일상
77 … 고성 산불 그 후 한달
78 … 레미콘
79 … 기다림
80 … 山寺의 길손
81 … 꿈
82 … 낙동강 대교

3부 기타 관련지 편

85 … 매화밭에서
86 … 세상
87 … 학다리
88 … 오늘 아침
89 … 첫 손녀를 품에 안고
90 … 황산벌에서
91 … 새만금 간척지에서
92 … 양파
93 … 탈북자
94 … 6.25
95 … 의미
96 … 나
97 … 울고 싶습니다
98 … 마음 모를 사나이가 있었습니다
99 … 장모님 전 비문

4부 최신작 편

103 … 상처의 영광
104 … 인고의 삶
105 … 미래 자신의 존재를 위하여
106 … 무인도
107 … 나는 작은 새
108 … 지금 내가 처한 현실이 내 인생 전체의 삶이 아니다
110 … 산다는 것은
111 … 바람개비
112 … 無心의 道
114 … 나는 당신을 사랑합니다
115 … 호박꽃
116 … 침묵
117 … 겨울산
118 … 下心
119 … 거울
120 … 가을 손녀
121 … 달과 강물과 새들은 기도하지 않는다
122 … 나의 삶
123 … 삶 그리고 사랑

124 … 해설 /이오장(시인 · 문학평론가)

초대시 편

나는

나는
억새꽃처럼 무리지어 피어오른
삼월 하늘의 뭉게구름이다
잿빛 채양로 하늘 덮은
오뉴월의 먹구름이다
서산 마루에 붉게 타는
시월 하늘의 노을구름이다.

나는
붉은 가슴 춘정(春情)에 연
철축의 발밑에서 발원하여
메마른 들판 적셔 흐른 강물이다
갈라져 터진 저수지의 속살을 덮고
노도로 범람하여 둑을 허물어 낸
황톳빛 홍수이다
잔잔한 수면 속에서
침전된 부유물들을
삭히고 있는 호수이다.

나는
오뇌에 얼룩진 이마를
수전증으로 떨다가
서리의 채찍 알몸에 맞으며
툭질 당한 사구로
겨울을 딛고 선
저잣거리의 동맥 비너스이다.

1999년 12월 호
월간 문학세계 초대시

파라다이스 공원

꿈익은
꿈
날개짓하던
불랑아저도
보이지 않는
파라다이스
정원에
갈 비 내린다.

푸르르
갈 바람은
꿈들을
떨구어 주고,

떨어진 꿈들
나 뒹구는
정원
한켠
벤치 위에선
아직도
떠나지 못한 꿈들이
물 젖은
소망들을
말리고 있다.

강(3I)

사랑
이별로
씻어 냈던
그
강물이
아직도
그 날의
침묵으로
흐르고 있다.

시류 따라
떠돌다
이제사
돌아온
반백의
사나이가
단풍진
산 그림자
추억처럼 너울대는
노을진 강물에다
퇴영된
옛
사랑을
헹구고
앉아 있다.

부도

먹구름에
별들
질식해
죽은
새카만
밤.

먹물
속에
촉수
뻗어
구원을
더듬는
관상어

폭풍
함께
쏟는
흑비

노고단

떠리를 물고
승천하는
용여리처럼
정상
하늘에 닿은
노고단 길.

서산에 앉은
낙조
신방에 드는
새색시처럼
콩조록
붉고,

사바에서
닮아 온
두엄속 같은
가슴
싸~아 하게
씻어 내는
정상의
하늘바람.

양 초.

존재
어둠에 잃은
내
촛대에서
당신은
의식이 되고

어둠
밝혀
흘린
당신의
눈물은
내
메마른
고독에서
사랑으로
넘쳐나는
강물이 된다.

여명따라
창 밖의
별들
떠나갈
시간,

한밤 내
불 밝혀
어둠을
살위낸
당신은
일선으로
사랑겨워
영원에 드는
화선이 된다.

새벽 길

빗속에다
간헐적으로
천둥울리는
크리스마스주
며칠 남지 않은
동짓달
새벽,

우산에 덮힌
침묵들이
저마다
가슴에
소망들을 담고
삶을 찾아 나선다.

아직은
자개문들 굳게 닫힌
빈 거리
묵상하는
침묵들을 실은
만원버스
윈도우 부러쉬
경쾌게 저으며
새벽길을 뚫는다.

나 산으로 가 바위가 되고 싶다

때때로
허리를 껴안는
운무와
촛불을 애무하는
구름의
오늘건 유혹에도
곧 세운 자세 흐트러지지 않는
그 산으로 가고 싶다.

가서
북풍에
허리를 꺾이어
초목들의 절규에도
미동 없이 침묵하는
바위가 되고 싶다.

목젖까지
끓어오른
용암
가슴에다 삭히고서
억년을 눌러앉은
그 산으로 가고 싶다.

가서
천지를 부술듯한
벼락과
하늘을 찢어내는
번개에도
움쩍 않고 앉아 있는
바위가 되고 싶다.

2000년 4월호
월간 《문학세계》 초대시

동 섬

태초
하나님의 입김으로
눈을 뜬
아담이
처음
올려다 보았던 궁창처럼
맑고
푸른
하늘

만상의 숨결
아지랑이 되어
투명한
햇빛 속으로 피어오르는,
뻐꾸기 소리에
고요
부서지는
늦봄의
오후,

백합
멍울진
화단 옆
벗은 아랫도리의
풋고추 달랑이며
아장아장
대문을 나서는
서너살의
동섬

혼 돈

가물가물한
보임과
아슴아슴한
들림과
구별지을 수 없는
냄새가
뒤엉켜 도는
혼돈이로다.

여운의 꼬리를 물고
혀 끝을 휘감는
맛과
탕겅되지 않은 동굴처럼
깊이를 알 수 없는
색이
바위덩이같은 삶을 지고
쳇바퀴로 도는
혼돈이로다.

그러나
번개처럼 보이고
천둥처럼 들리고
코 밑에 묻은 똥처럼
냄새 확연할 때
그것은
오히려
개미핥기에 파헤쳐진
개미집 같은 혼란이로다.

세상은
결국
삶의 바위밑에서
오감을 더듬어 사는
혼돈일 뿐이로다.

새싹들은 모른다

작년 여름
무성했던
이파리들의
전설을
삼월 삼짇날의
새싹들은 모른다.

솟아오르는 기운
뻗쳐오르는 기운
그 충만한 기운에 따라
눈을 뜨고
기지개나 켤 뿐.

지난 겨울
애를 삭이던
나뭇가지들의
그 혹독했던
인내를
삼월 삼짇날의
새싹들은 모른다.

어느 날
제 몸을 흔드는
봄 바람에 깨어
충천하는 기운으로
너울너울
좋아나 줄 뿐.

젯머리 할아버지

개발에 쫓겨
주연 내몰린
빈 집들이
각혈 후의 환자처럼
퀭한 몰골로
먼지를 뒤집어 쓰고 있는
달동네
재개발지구
어귀,

겨운 담벼락 아래
재잘재잘
까르 까르르
놀이에 겨운
꼬맹이들
지켜 앉아
백목련 보다
흰 백발
젯머리로 흔들며
봄 볕을 쬐고 있는
할아버지.

달빛 한 줄기.

찬 집
희망마저
가쳐눌려
질식한
출구
무너진
동굴 속 같은
감방

절망의
가슴들이
포화 된
한숨을 담고
누워 있는
음충한
철창
안,

홍수인양
눈가를 넘치는
눈물
씻으려
창문 틈으로
더듬어 오는
창백한
달빛
한 줄기.

새 참

햇개구리
흙탕물 진
논배미에서
꼬리를 달고
유영하는
가을이
섞어지고 있는
봄
들판

뭉게구름
남극의 유빙처럼
천자 빛
하늘로 떠가는
아격은
매미소리 깨어나지 않은
둑방의
느티나무
아래

둘러앉아
걷어올린 무릎까지
진흙이 묻어 있는
다리를 뻗고
크레인처럼 들어올린
젓가락 끝의 국수를
새참으로
먹고 있는
농심들

중랑천

갓 부화한
햇병아리들의 삐약거림처럼
소란스레
꽃망울들을 터드리고 있는
중랑천변의
유채꽃밭,

오물이 널린
모래톱에 앉아
깃을 다듬고 있는
낯익은
낯오랜
오랑부리 백로,

차량 도색 업자들이
흘려보냈다는 폐수로
수십 만의 잉어떼들이
목숨을 밀어올렸던
골수까지
오염된 물이 흐르는
강둑에서
바람에 밀려
삼천
삼만
삼십만 배의
절을 하고 있는
잡풀들、

수명

양극에
경계 닿아 붙은
주검을 안고서
수명을 다한
형광등이
숨찬
할딱거림으로
마지막
숨을 고른다.

계곡을 내리던
물줄기가
천애
절벽에서
폭포로 부서지듯
자연의
이법만을 따르는
섭리는
자비만을 베풀진 않는다.

신생아실과
영안실이
병원의
한 울타리 안에 있듯이
우리는
수명의 균형을 잡아주는
부채 하나씩 들고서
탄생에서 죽음에다 쳐놓은
외줄을 타는 중이다.

2000년 9월호
월간 《문학세계》 초대시

고향 잃은 초로(初老)

사람의 냄새와
인정이 지워진
양떼구름
흩어져 떠가는
아파트 촌의
밤
하늘

벌레 먹어
구멍난
배춧잎 같은 가슴에다
세월에 바랜
삶의 얼룩들을 감추고
반딧불이 존재를 깜박여 날던
그 옛날
개여울 가에서
순이의
까만 눈동자에 들어와 박히던
별
그 별 그리워
밤 깊도록
정원의 변지를 떠나지 못하는
고향을 잃은
초로,

2000년 9월호
월간 《문학세계》 초대시

장마 빗속의 장터

호객과
흥정소리
장대비에
씻겨나간
장마
빗속의
장터

멍석 깔고 앉아
부채질하던 손 입에 대고
하마처럼
오수에 하품하는
내왕하던 손님 끊긴
빈
가게 안

졸리운 전등
하나 둘씩
땡거미에 멱히는
파장의 시간
촤르르
촤르르르
하루를 내려 닫는
샷터들 소리.

남북 이산가족 상봉 현장에서

살아있기를
제발
살아있기만을 기원하며
반세기 동안
내가슴 속에다 묻어 두었던
혈육을
뜨겁게
얼싸 안은
절규와
탄성의
울음바다,

껴안은 손 풀줄 모른 채
서로를 부둥켜 안고
피 맺힌
한과
설움을 쏟아내고 있는
남북 이산가족들의
상봉 현장,

이념의 족쇄에 묶여
갇혀 있던
오십년의 세찬이
비로소
다시 돌기 시작하는
통곡의 현장에서
오열하는
엄마의 눈물 닦아주며
마루바닥을 뛰어다니며
장난을 치고 있는
너댓살의
천사

2000년 10월호
월간 《문학세계》 초대시

오늘도 나는 사막으로 간다.

오늘도
나는
가마 속에서 불덩이로 익은
쟁반같은 태양을 머리에 이고
무너지는 몸을 가누어
타들어 가는 입술 깨물어 물고
모래바람이 얼굴을 때리는
전갈이 숨어 있는
사막을 간다.

멈추어라
멈추어라
진정
내 삶의 목적지는
이 사막의 끝이 아닌
내 내면에 있나니

뜬구름에 소리치는
선자 가 앉은
모래 언덕을 돌아
오늘도
나는
선인장의 숲을 지나
방울뱀이 꼬리를 켜는
사막으로 나아간다

가을 비 오는 날의 아침,

브람스의 선율에 맞춰
아베바의 유혹로
빗방울
겨창을 흘러내리는
가을
아침

함초롬이
사랑에 젖은
연인의 어깨
한 팔로 감싸 안고
촉촉히
비 젖어 도렬해 핀
코스모스 사잇길로
총총히
멀어져가는
노오란
우산 속의
두
연인.

산

소란한
세상에 귀를 닫고
소리들
메아리로 되돌리는
산은
말 없이 존재하라 이른다.

포란으로
알껍질 속의 병아리를 깨워내듯
결빙의 겨울을 품어
꽃 피고 새 우는 봄을 열어낸
산은
말 없이 인고의 세월 가슴에 품으라 이른다.

무궁히
명하지 않을 자체의 결복에서
조용히 명상으로 앉아
목까지 차올랐던 여름의 폭염
무던히 가슴에다 삭여내고
가을옷 단풍으로 갈아입은
산은
가슴에다 인고의 세월 삭여내어
말 없이 그렇게 존재하라 이른다

산다는 거

그믐밤에
별이 웃는다고요
뭐에 웃어요.

산다는 게
다 그렇지요.

어제는
앞산에
꽃이 피었더라구요
오늘은
뒷산에
눈꽃인데

돌뿌리에 넘어져 있다구요.
그냥
털고 일어나세요.
그래도
벼랑에서 떨어진 것보다야 낫지 않아요.

이제
웃어요
우리

그리고
또 추어져요
그게
비록
거저받은 것이어도

산다는 게
다 그런것이니까요.

위-매. 추운 거

서리꽃
선인장의 찬 가시처럼
피어있는
가로수 가지 끝에
얼그러진 초롱인양
저녁달이 걸려있는
초겨울
저녁

건너편의
네온불이
울그락
붉그락
빙판길을
희롱하고 있는
주택가
한 켠

회오리,
온몸을 휘감고 도는
지나가는 회오리 바람에
위-매
추운 거
찢어지는 가죽인양
허공에다
냅다
소리를 지르고 있는
노점
할매.

경동시장

문명의
정글
주검을 파는
정육점 앞에
기름진 얼굴들이
줄을 지어 서있다.

냉명과
차양들의 틈새에서
어깨를 부딪치며
달팽이 속같은 가슴에다
마음들을 숨기고 사는 곳

그러나
이곳에선
잠은 사냥감을 물고
나무를 오르는 표범도
재규어의 습격을 피해
풀숲에 숨은 토끼는 없다.

다만
이곳의 법칙에 따라
서로가
허기진 늑대가 되어
굶주린 사자가 되어
피흘리지 않는 공격을 하고
보여지 않는 상처로 괴로워할 뿐.

오늘도
이 문명의 정글에선
자신을 닮은 악어들이
진심을 숨긴 치타들이
욕망을 쫓는 하이에나 처럼
주검을 살 수 있는
지폐를 찾아
발굴작업을 멈추지 않는다.

2001년 1월호
월간 《문학세계》 초대시

빛은 그렇게

빛은 그렇게
어둠을 외면한 채
양지만을 비추이고 있었다

빛은
그렇게
겨울을 외면한 채
켜고
넘치는
여름만을 광해 있었다.

빛은
그렇게
어둠을 안고
추위에 떠는
그늘들을 외면한 채
불꽃 솟아 축제하는
가면으로 얼굴을 가린
광대놀이
마당만을 비추이고 있었다.

세 밑

삼백 예순 닷새가
허가견 뱃속에 들어가
변비로 굳어져 숙변이 된
또 한 해
이천 열 년의 세 밑

또 캣
곶 숙이
밀레니엄의 꿈을 구겨넣은
동장군이
달랑
한 장만 남은
달력에서
성큼성큼
걸어나와,

새운
코트깃에 목을 박고
캐롤송과
징글벨이
연가처럼 들려오는
고향처럼 거운
할렐루야의
종탑 주위를 배회한다.

무엇인가

갯바람에
전봇대 올고 서 있는
동짓달 밤
새벽이도록
잠들지 못하는
저 별의 의미는 무엇인가.

풍랑이 밤바다에서
뒤집힐 듯
뒤집힐 듯
표류하고 있는
통통배 하나
무심히다 눈을 뜨고
어둠만을 지키고 서 있는
저 등대의 의미는 무엇인가.

손을 뻗지 못하는
구원은
단지
희망의
눈만을 뜨고 있을 뿐

무엇인가
동짓달 밤에
갯바람에 울고 서 있는
저 전봇대와
풍랑 속에 표류하고 있는
저 통통배의 의미는.

2001년 2월호
월간 《문학세계》 초대시

참회

그때
해가
툭하고
떨어졌을 때

나는
가책의 우산을 쓰고
깨물어지는 아픔으로
적을 섬기며
망연히 허공에 떠 있었다

그때
세상이
와르르
무너졌을 때에도

나는
차돌같은
심장을 오므리고서
어둠 속에 숨어 있었다.

그리움 천리
사랑을 안고
찾아왔을 때

나는
헤픈 웃음으로
술에 취해
허풍을 떨며

방랑하는
눈물바다에
몇 잎
금화를 던져버리곤

내
양심 안에 들어와
앉아 있었다.

침묵으로 살란다

크고 작은
소리 소리
세상에 넘쳐나도
천년을 읊다만
능인양
침묵으로 살란다

산 부처가 앓던
마음의 병들
들부쳐 되어 가슴을 달듯
그렇게
세상에다 열어놓은
육성을 닫고 살란다.

어차피
세상은
육성에다 목청 높여
가슴 열어놓은 자들의 몫
그냥
피식
웃음이나 흘리며
무심의 강물인양
침묵으로 살란다.

눈

까마을 깊은
어머니의 얼굴처럼
찌푸린
하늘이 내려앉아 있어도
성탄이 지나도록
눈이 보이지 않는다

적적한
이천년의 칸막이 뒤로
노래할 수 없는 새들이
울며 북풍에 밀려 날아간
언 하늘
잿빛에 묻힌
정초를 지나

미등을 켠 차들이
안개 속을 더듬어 가고 있는
새해의 벽두에도
눈은 보이지 않는다.

노상 주점

파라솔 덮개 마저도 없는
노상
주점으로
하루를 가는
허름한 삶들이
비거이는
나무의자에 자리 잡는다

눈짓과
손짓으로
오픈너에 마개를 빼앗긴
소주병과
벌겋게 양념을 뒤집어 쓴
살점을 잃은 돼지껍데기가
안주로 놓여지고

어릴적
고향에서 꾸었던 꿈처럼
맑고
투명한 소주가
작두내 떨어줄 외쳤던
뜨거운 목구멍을 달군다

저녁달마저
별녕 뒤로 넘어가 버린
카바이트 불빛 조려려는 밤
널부러진 빈병들 같은
질서를 잃은 언어들이
밤 말에서
꺼지지 않은 꽁초처럼
매운
오늘의 끝을 태운다.

비문

하늘처럼
늘새처럼
태풍 앞에 숨은 바람처럼
그렇게
한 생을 살다 간 삶이
여기
누워 있다

밭토에 싹을 틔운 밀알처럼
바닷바람을 막아선 송림처럼
이국을 떠도는 차사처럼
새벽 달빛 아래 이슬에 젖은 철학처럼
그렇게
세상을 살다 간 삶이
여기
누워 있다.

탄생에서 주검까지
진주를 품은 조개처럼
옹골진 마음을 키워내어
떠도는 행성일망정
별이 되고팠던 삶이
여기
누워 있다

나 비
(그리고 의미)

나비는
고치 속에서
어떤
의미로 태어난다
우리가
어미의
뱃속에서
그 어떤
의미로 태어났듯이,

의미로 태어난
나비는
그 어떤
의미에 대하여도 함구한다
우리가
울다가
의미를 물러 덮어놓은
철학책처럼

함구라는
의미와
말할 수 없는
의미 속에
나비가
사랑하고
꽃을 찾듯
우리도
알 수 없는
의미 속에서
말 할 수 없는
의미를 위해
사랑하고
고뇌한다,

山 숲의 아침

풍경마저
호흡을 멈춘
산사의
정적 속으로
아침이 열린다

지난 밤
계곡에서 불어오던
선달의 번뇌 바람에
뒤척이는 황소의 숨소리로
마음을 앓던 소나무가
면사포를 쓴 신부인양
무릎까지 쌓인 눈 속에서
눈부시게 자태를 드러내고 있는
아침,

점점
두터워지는 햇살에
눈꽃을 녹아내리는
가지마다
멍울이 진
매화나무 아래
먼~데
하늘을 올려다 보며
뒷짐을 지고
서성이는
노승
하나

2001년 4월호
월간 《문학세계》 초대시

그 들판이 그리웁다.

부고럼
서투발걸음처럼 익을 무렵
해후의 약속도 없이
어보와의 이별을 고했던
그 들판이 그리웁다.

장다리꽃들이
어깨춤 추는 언덕에서
아직
싹트지 않은 사랑의 가슴으로
어보의 손을 잡고
궁노루처럼 뛰던
그 시절이 그리웁다.

밤이면
내 마음의 들판에도
별처럼 내려 앉은
셀 수 없는 장자꽃들이
이랑마다
그리움의
씨앗들을 잉태시키고 있는
그 들판이 그리웁다

경춘선

수줍은
연정의
첫사랑처럼
결죽이 봉우릴 여는
비탈에는
비비새 울음마다
배꽃이 피고,

소복을 한 여인들처럼
햇살에 눈부신
싸리꽃들 도열해 핀
강둑아래
주억처럼
나뒹돌고
수면을 낮아 모르는
물새 한 마리,

베토벤의 전원교향곡이
홀 안 가득
강물되어 흐를 것 같은
커테을 돌아
봄 기운 보다
더 높은
기적소리로 내닫는
춘천행 열차,

경동시장에로의 출근

아침이면
햇살이 든 창을 열고
하늘에다
밤새 내려 앉은
서름들을 날려보낸다.

반쯤
인도를 차지하고 앉은
노점상들과
오늘을 가득 실은
리아카가 지나가는
시장통을 돌아

상점들 마다
빤짝렁이개로
불황을 털어내고 있는
상가에 들어
자르르
만세라듯 샷터를 들어 올리고
시음 털인
마음에다
소망처럼 밝은 전등을 켠다.

걸음

엉거주춤
두 팔 들고
아장아장
비틀비틀
젖을 배기
우리 손녀
개울 내를
걷고 있다.

외줄을 타는
줄광대처럼
벌려든
두 팔도
중심을 잡고 걸어야
넘어지지 않는다.

그러나
반백의
이 할배는
포켓 깊이
두 손 찔러 넣고
휘뚱이는 마음으로
저녁 길을 걸어왔다.

국화

장미는
정상의 가슴에서
가시에 절린
검붉은
심장으로 피어나지만
국화는
풍상 속에서
자식을 키워 출가시킨
홀로된
과수댁의
퇴행성관절염으로 피어난다.

진녹의 청춘
서리에 곰삭여 낸
외나리
사동의 가지끝에서
목을 매고 있는
마당가
고추밭 둑
만월을 향해
연분홍
엷은 미소로 피어 있는
국화
한 송이

2002년 9월호
월간 《문학세계》 초대시

통통배

목마른
파도
창백한
혀로
해변을 핥고 있는
바다
저~
멀리

니르바나의
경계
스카이라인
수평선에로

갈매기의 명앗
구름에 싣고
꿈결인 듯
미끄러져가는
통통배
하나.

그리움

세레나데
가냘픈
사랑의
실루엣

쉼 없고
거침 없이
달은 가는데
별은 흐르는데

아슴찬
추억
소슬한 날의
가을 소나타.

아련히
벙그는
전설같은 그리움.

영종도 노을

영종도
산마루
노을이
붉다

놀새와
락낙에
불어온
회오리
광풍

큰섬과
환호로
동해를 솟았을
해가
영종도
산마루에서
핏빛
설움에 붉다.

永楚道
永終島

하나로
귀향하려면
부서진 꿈이
영종도
산마루에서
각혈로 붉다.

2002년 12월호
월간 《문학세계》 초대시

해고자

맨 하늘
낙뇌에
향내음
공해에 빼앗긴
히아신스는 지는가

발가벗겨져
다칼에
단죄된 양파처럼
매운
현실을 끌어안고

가로등
밤안개에 시력을 잃은
전봇대에 기대어
청정의 하늘에서
영롱하기를 소원했던
샛별 같던 꿈

그
꿈을
이 밤
누가
눈물로 줍는가.

울고 싶을 때가 있지

큰비
지나고
햇살
환해도

밤새
떨어진
때 꽃을
바라보며

왠지
더 없이
울고 싶을 때가 있지

앉고
돌아서
남모 떨어진 뒷산

불면으로
울어예는
소쩍이처럼

그래
왠지 모르게
밤을 새워
울고 싶을 때가 있지

배추장사 할매가 죽었다

오늘
아침
주린 뿌리 바위틈에 박고
암벽에 매달린 노송처럼
삶의 벼랑 끝에다 좌판을 벌려 놓고 살던
노점
배추장사 할매가 죽었다

철저히
빛이 차단된
하수구 속의 시궁쥐처럼
운명의 틀 속에서
광명을 잃은 장님으로
음울을 더듬어 살아온
노점
배추장사 할매가
오늘 아침에
심장마비로 죽었다

죽음만을 확인하려
웅성이던 사람들 뿔뿔이 흩어져 간
주인 없는 좌판에로
돌개바람에 날아오르는 빈 비닐봉지처럼
오늘
아침에
배추장사 할매가
새벽 별을 따라갔다.

2003년 1월호
월간 《문학세계》 초대시

단풍 들지 못하는 나무

단풍마저도 들지 못하는
도심의 가로수를 보면서
지워진
계절의 감각 속에서
낮과 밤을 뒤바꿔 사는
바벨탑의 땅속
거라심가
연세 상인들의 두터운 삶을 생각한다.

차라리
망각이고픈 지난 세월들
아득한
삶의 벼랑에다 묻고서
생존에다 탯줄이을 달고 사는
고달픈
버거운
삶들.

단풍마저도
오히려 사치스러운 듯
떠렁게 베마른 이파리들을 달고서
초겨울의 눈바람에 서있는
도심의 가로수를 보면서
살았다는
살아남은 것만으로도 뒤안인
수마의 발톱과라
매미의 허물처럼
공허로 엎드린
컨테이너하우스
이재민들을 생각한다.

내가 너를 사랑하는 것은

내가
너를
사랑하는 것은
나의
숨과
나의
의미가
너에게 있기 때문이다

내가
너를
사랑하는 것은
여러
사랑의 이유 때문은 아니다
너와
나는
헝거가 용납되지 않는
사랑의
포로인 때문이다

우리가
사랑하는 것은
선혈이 낭자하는
가시 왕관을 쓰는 일이 되겠지만은
그래도
내가
너를
사랑할 수밖에 없는
죽어도
백 번을
고쳐 죽어도
사랑할 수밖에 없는 이유는
너와
나는
하나로 귀향해야 할
하늘의
선고를 받은 때문이다

2003년 1월호
월간 《문학세계》 초대시

시장은 살아 있다

생존의
마당이다
갖가지
애환들을 펼쳐 놓고
몰 잦아든 무던
올갱이들의 바글거림으로
시장은 살아 있다.

먹이를 물고
둥지로 날아든
어미의 커정이다
서새워 내지르는
새끼 제비들의 외침으로
시장은 살아 있다.

계절에서 제외된
삶들의 울타리 안에다
온갖
계절들을 빛깔별로 쌓아 놓고
큰객하고
흥정 하는
흥정거림으로
시장은 살아 있다.

고운 꿈

무한의 하늘 가
금빛 파도 반짝이는
저 은하의 강줄기를
은혜라는 눈빛만으로
바라볼 수 있다면

돌조각
덩이마다
파랑이 배어든
다보탑과
석가탑
그 정상의
굽히지 않는 의미를
읽을 수 있다면

너무
견디지 않은
향으로
꽃을 피워 낸
난의
속삭임을
귀담아들을 수 있다면
세상
사랑을 모두 담은
가슴으로
무지개 빛
고운
꿈을 꿀 수도 있을 텐데

손녀 예지

너는
머~언
은하로부터
삭막한
내 마음의 뜰에
은혜의 씨앗으로 떨어져
한 아름
축복으로 핀
함박꽃

너는
혼탁한
내 영혼의 연못에
미소로 내려와
청정히
미소짓는
상존불의 자태로 핀
연 - 꽃

너는
무릉도원
와불상의 머리 맡
자작나무 숲에서
어둠을 벗내며
희망을 노래하는
꾀꼬리

너를
바라보는 것만으로도 흐그런
나는
터질 듯
흐뭇함에 도취된
풍 - 선

대목장의 좌판

봉황도
황새도
철새 따라
날아가 버린
설원을 연
빈 들판에
낙오로 남은
내 둥지

흰 꼬의
길게 늘이며
창공을 가르는
비행을 꿈꾸며
공작의 꼬리를 달고
세상을 내려다보면
연화의 뒤안길에
바람 빠져
쭈그러든
애드벌룬

영하 5°으로
아침을 연
햇살
은가루로 쏟아지는
설이 며칠 남지 않은
대목장의 길목에서
명상하는 부처의 모습으로
졸고 앉은
늙은
좌판,

나는 내 인생에 대하여 아무것도 말할 수가 없다.

이제
말할 수 있는 나이도 된 것이다
그러나
나는
내 인생에 대하여
아무것도 말할 수가 없다

비록
고목의 나이테처럼
연륜은 주름이 되어 온몸을 덮었어도
그 주름이란 것도
그저
허접쓰레기나 담아온
낡고, 헌
푸대자루에 지나지 않는 때문이다

제비들은 처마 밑에서
와야 할 때를 말하고
가야 할 때를 아는
거러기 떼는 북쪽 하늘로 나래 펴도
오, 갈의 분별도 없이
그저
쫓기듯 허둥이며
허송한 세월이나 살아온 내가
언제 한번
착정하여
진지하게
생의 좌표를 잡아본 적이 없는 때문이다.

조운 날의 역사를 덮고
새 천년이 열렸어도
변할 줄 모르는
영악한 세상과 야합해 살아온 내가
언제 한번
자물쇠마저도 녹슨
내 마음의 문을 열고
빛 밝은 곳에다
내 인생의 여정을 펼쳐 들고
찬찬히
성찰의 눈으로 읽어본 적이 없는 때문이다

2003년 3월호
월간 《문학세계》 초대시

심 마 니

옥정수에 몸을 씻고
정화수에 맘을 씻어
영물
하나
점지혹길
산령님 전에 발원한 후

산삼
하나
수도승의 화두처럼
뇌위
씻은
마음에다 새겨 담아
무섭의 눈 밝혀 뜨고
산행길을 나선다

섬왔다
정령희
심산에 토함
그 날까지

낮이면
심산유곡 더듬어 약초를 캐고
밤이면
우후의 죽순처럼
가슴밭에 자라 오르는
욕심들과 씨름하다
눈시울
별빛에 젖어
선잠 드는
심 마 니

성공

인간이
오르지 못할
산은
없다

단기필마로
적진에 뛰어드는
관창의
용기와 결백이 있다면

용기에 윙크로 손짓하는
독버섯의 안주(安逸)
결백이 야릇이 미소짓는
견수령의 나태

성공은
부르튼 발바닥에서 피어나는
피멍의 꽃
성취는
벼랑에서 자생하는
인고의 노송(老松)

산이 있기
산을 넘어서야 하듯

성공이 앞에 있어
성공에로 다달아야 한다.

2003년 9월호
월간 《문학세계》 초대시

나팔나리

이브의
눈물
붉은
꽃술의
나팔나리

너는
오는데
불타던
연정이
흥건토록
밤비는
내리는데

그리움
홍옥빛
녹아은
그리움

순백의
연서로 같은 순정이다
그리움 춤사 안고
창밖을 서언이는
밤비 속의
나팔나리

로빈슨 크로소

숙면의
파도에
바람마저 잠든
여기
두려움과
불안만을 원류으로 남기고
모두가
지워져 버린
침해의
고도

어디로 가야하나
어디로 가야하나
진공관 속 같은
적막 속에 갇힌
목적지와
이정표

어디로 가야하나
어디로 가야하나
뻐꾸기
소쩍새 울음 소리
어디서 났나.

넝마주이 할아버지

종이 값이 없어 큰일났네
작년에는
백원씩 줬는데
금년에는
사섭 원 밖에 안 줘
키로에

비는
오는데
공습을 피해 전쟁을 떠나온
아프간의 난민촌 같은
청동색장의 외곽고계한 집에
장마 비는
쏟아지는데

턱수염에
막걸리 방울
허연 아슬되어 뱉친 입으로
날개가 돋고
다리가 성긴
고계와 함께
장탄식을 섞고 있는
넝마주이
할아버지

살아야 한다

오랜
파음의 끝자락에 선
나에게
의사는
간영백신을 맞으라 한다

내가
언제
건강을
생명을
염려했던 적이 있던가

죽는 것이
사는 것임을
나는 안다

목숨을 거두어 간다는
저승사자와
만나는 것을
부딪치는 것을
난
단
한번도
두려워 해 본 적이 없다

살아야 한다
살아야 한다

사는 것이
곧
죽는 것이기에
살아야 한다.

사 위

내가
어느 집안의 사위이듯이
나도
어느 집안의 아들을
사위로 맞아 들여야 한다

바람을 안고 들어선
내 촛불의 불안을 보시고
장모님과
장인 어른이
은혜의 장으로 가려주셨듯이
나도
그의 촛불에
사랑의 장을 준비해야 한다

역검
윤회의 파장에서
하나로 지향하는 피할 수 없는 인연을
순응이 아닌
감사로 마음의 문을 열어야 한다

둘의 땀을 하나로 모아
空(공)으로 비운 행복의 독을 채우고
내가 아닌
너를 위한
헌신의 가슴에서만 피는
사랑의 꽃이 만개토록
불 밝힌 가부좌로
잠든 염려와 불안의 곁에 앉아
가슴으로 기도해야 한다

특집시 편

홀로된 밤에

홀로
잠 못드는
적막한 밤
삶의 날을 세워
오늘과
진검으로 승부한다
돌아와 누운
지친 영혼이
불면의
모래판에 끌려나와
온갖
상념들과 씨름을 한다.

홀로
잠 못드는
외로운 밤
영혼의 나이테 속에
큰 칼 차고 갇힌
청운의 꿈이
그립고, 아쉬움들
추억의
마당으로 불러내어서
回憶(회억)의 탈을 씌워
탈춤을 춘다.

코스모스.

비둘기호처럼 다가온
가을이
겨울로
새마을호처럼 달려가는
결둑길,

구만리
긴하늘
이별을
울고 가는
기러기 떼에
애틋히
손짓하는
아쉬움의
뢰명들,

찬서리
던 고서
응축된
여름의
정열을 불사르며
몸부림으로 내지르는
안타까움의
함성들

그 해 겨울

살 맛 없는
세상에서
우리는
질긴 현실만을 씹고 있었다.
때론
초원에서 돌아온 황소처럼
옛 추억들을 개워올려
함께 씹기도 하였지만은.

그 해 겨울
안개는 늘 계곡을 덮고 있었다
행여 맑은 날에도
바람은 불어
소나무며, 굴참나무
그외 잡목들을 흔들어대고 있었지만은

비오고
바람불며
눈이 오면
그 해 겨울
우리는
불기 없는 웃목에서
인고에다 우려 낸
쇠심줄보다 질긴
현실들만을
질경 질경
씹고 있었다.

2000년 3월호
월간 《문학세계》 특집

일 상

일상
어둠에 접히는
밤이 내리면
물 젖은
솜인양
가슴까지
A를 적은
오늘을 닫고
술터를 나선다.

어둠
여물어
별들
점점
밝아지는
밤
몇 잔
소주에다
오늘을 타서 마시고

유리창에
까맣게 달라붙은
어둠을
커텐으로 가리고
좌 많은 A연 둘이내다
리모콘에 죽은 TV 참께
어제같은
내일을 위해
오늘
좌우를 닫는다.

고성산불 그 후 한달

시뻘건
혀로
화마가 핥고 간
운봉산
검게 타버린
나무들의 틈새에서
파랗게
새싹을 내민
잡어새와
그늘사초,

바위틈에서
지옥불을 견딘
마른 줄장지뱀
꼬리를 물고 기어나온
산등성,
울어울어
옛집을 찾아 배회하는
여치와
산까치,

새 순
잔가지에 돋은
병꽃나무 늪지
갯더미 속에서
고개를 쳐든
여뀌와
잡풀들

레미콘

한 순간도
멈춤을
용납 않는
나의
내부로 해서
나는
잠시도
쉼 없이
나의
몸뚱일
굴려야 한다.

내가
만일
첫눈을 팔며
동작을 멈추거나
오수에 취해
몸을 쉰다면
주검으로 굳어가는
나의
내부를
어쩔 수 없기 때문이다.

내
삶의 의미가
나의 내부에 들어 있는 한
나는
늘
길 위에서나
공사판에서나
멈춤 없이
몸뚱일
굴려야 한다

2000년 7월호
월간 《문학세계》 특집

기다림

오가는 행인 끊긴
무풍의 골목
바람 그리다 지쳐
졸고 있는
바람개비

제 몸
눈물로 살위
상천배로 끝난
독수공방 지키고 있는
황초

차마
돌아설 수 없는
미련을 밟고 서서
행여
님 오실
배 기다리며
수평선에다 눈을 박은
망부석

山 속의 길손

등에 업었던
만월을 내려놓은
설산에서
푸드득
깍
깍
하얀
설달의 고독을 깨우던
산까치
주절대던 물소리마저
얼음장 아래에서
묵언으로 정진하는
계곡에
잠든
밤,

댕그렁
댕
댕
밤 이슥도록
번뇌와
망상을 두드리고 있는
풍경소리에
가슴에 고인
시름을 토하며
뒤척이는
산사의
길손

꿈

당겨진
고무줄처럼
괘팽히
하루를 지누던
의식을 놓고
젖은
눈꺼풀에 눌려
꿈 속에 든다

동구밖
당산나무 가지에로
봉황새 날아 오르는
고향의 꿈과,
낮고 뒤에
날개를 접은
서낭까마귀의
잃어버린 꿈을,

야—호
야—아—호—오

홀연히
꿈의 걸결을 열고 들어와
의식을 흔들고 있는
용마산
약수터의
퍼어런
여명의
새벽
외침들

美軍, 낙동강 왜관-득성교 폭파
6·25 피란 양민 수백명 숨지게

1999년 10월 15일 동아일보

AP, 美국방부문서 확인 보도

6·25전쟁에 참전한 미군이 충북 영동군 황간면 노근리 이외에 경북 칠곡군과 고령군에서도 수백명의 양민을 숨지게 한 것으로 추가확인됐다고 미국 AP통신이 13일 전했다.〈A30면에 관련기사〉

AP통신은 '노근리 학살사건' 8일 후인 50년 8월 3일 미군이 낙동강의 전략요충인 왜관교와 득성교(구 고령교)를 폭파하는 과정에서 수백명의 한국 양민을 사망케 한 사건이 미군 자료와 비밀해제된 미 국방부 문서, 참전병사들의 증언을 통해 확인됐다고 전했다.

AP통신은 미 육군 제1기갑사단장 호바트 게이 소장과 장교들이 50년 8월 3일 북한군을 낙동강 이북에서 저지할 목적으로 경북 칠곡군 왜관교와 고령군 득성교를 폭파하라는 명령을 내렸다고 보도했다.

AP는 다리 폭파 전날인 8월 2일에도 미 1기갑사단 소속 미군이 왜관 인근에서 피란민을 가장한 북한군을 격퇴할 목적으로 한국 피란민 80여명을 사살했다고 덧붙였다.

〈권기태기자〉
kkt@donga.com

노근리 피해-가해자 만남 추진

노근리사건 피해자와 미군측 가해자와의 만남이 추진된다.

한국기독교교회협의회(KNCC)는 14일 "미국기독교교회협의회(NCC-USA)에서 오늘 일부 '노근리 피해가족을 11월초 미국 NCC 50주년 기념행사에 초청해 에드워드 데일리 등 당시 가해장병 중 생존자들과의 만남을 주선하겠다'는 서한을 보내왔다"고 밝혔다.

〈김상훈기자〉
corekim@donga.com

낙동강대교

세월로도
아물지 않는
위안부의 가슴처럼
포화에 젖기우고
총탄에 구멍 뚫려
만신창이로 러러쟁긴
교각의 혈흔아취,

조국의
혈관 속을
돼 박치여
흘러온 강
건판으로
걸려나가
의족을 한
다리 밑을

아직도
못다푼
참화의 원혼들이
솟구치는 한을 삭혀
소용돌이로 흐른다,

피아의 피로 엉켜
반백년 세월에 녹슨
인도교 그 너머로
피빛으로 절규하는
원혼들의 그 외침이
자고선의 능선위에
종탑으로 환생하여
통곡으로 서 있다.

1998년 안보문제연구소
통일로 11월호 권두시

기타 관련지 편

매화밭에서

결실을 예비하여
잎보다 먼저
화봉을 연
너는
진정
밤하늘 축제 마당에 쏘아 올린
환성의
불꽃

타자는 네 꽃망울들의 폭발음에
화들짝 놀라
고개를 쳐든
꽃다지와
냉이
쑥

인고
그 세월이 길수록
희망은 더욱 다져지는 것
춥고
눈 덮인 겨울이 길수록
봄의 향연은 더욱 찬란해지는 것
나는
오늘
괘퇴한 돈광군의 전쟁에서
파안대소로 승전을 구축하는
매화
네 환희에 취해
감전이라도 된 듯
새 희망에 전율한다

2004년 『이땅을 빛낸 문인들』
(천우출판사)

세상

어두움으로
밝음이 왔다.

가끔
어두움은 문을 닫고
앞을 막아서지만
이내
밝음이 문을 열어 주었다.

언제나
밝음은
어두움 가운데 있었다.

이따금
들려오는 세상 소식도
밝음과
어두움의 반반이었다.

호흡해 존재할
세상에서는
밝음이 창공에서 빛을 발하고
어두움도 밭 아래서 뿌리를 튼다.

학 다리

사람의 정단지가 그렇게 추늘어질 수 있다는 것을
상상해 본 적이 없다
양손의 엄지와 검지를 합쳐 감싸도
한참을 남을 것 같은 정단지

오히려 무릎이 학 다리처럼 굵다

버스가 섰다
물론 벨을 눌러서였다

내릴 문에 다가선
학다리가
백두장사 등배지기하듯
엉덩이 제껴 버블봉지를 안고 내렸다

건너편
신호등의 파란 눈뜨임에
허~어
휴~우
휘둥이며 도로를 가르는
학 다리의 빨간 운동화 바닥이 탄다.

2004년 『이땅을 빛낸 문인들』
(천우출판사)

오늘 아침

겨우
매화는 꽃망울을 부풀리는데
입학식의
초등학교 운동장엔
대관의 꽃들이 만발하다

양켠쪽엔
갓 돋아난 냉이의 낯바닥이나 겨우 찐거럽힐
봄볕을 차지하기 위해
비둘기떼들의 자리다툼이 이어지고

큰 길로는
어두운
영구차가
슬픔을 삼키며 지나간다

아직
봉이기엔
휴지 조각을 굴리며 가는
바람이 차다

오늘 아침
책
돈
연필
성냥개를 놓고
수북한 밥 그릇 함께
미역국이 차려진
첫 손자의 돌 상 앞에
무릎을 꿇다.

2004년 『이땅을 빛낸 문인들』
(천우출판사)

첫 손녀를 품에 안고

구름 한 점
바람 한 점 없는
아직
원죄의 때조차 묻지 않은
만년의 설원 위로
눈부시게 솟아오르는
태양을 받아
가슴에 안는다

나는
너를 품에 안고
물결 조차 일지 않는
호수처럼 맑고 깊은
네 눈동자 안에서
그 어떤 경계도 없는
무한의 형빔 속에
잔잔히 미소짓고 있는
부처를 만난다.

2001년 백제권 시인
105인선 사화집

황산벌에서

태풍 앞세워
몰고 들어온
홍수에
나당 연합군에 유린당한
계백의 병사들처럼
흙탕물 뒤집어 쓰고
벼포기들
쓰러져 있는
황산벌

사방을 바라보는
통한의
망국민 처럼
초점 잃은 눈으로
논둑에 앉아
풍년이
날아간
빈 하늘만
망연히
응시하고 있는
농심들.

새만금 간척지에서

마도요, 물떼새
더불어
조개, 새우, 실뱀장어
필요한 양 만큼만 먹으며
길들여진 야생 양
순간
사람들
뭇 생명들과 더불어 살던
갯뜨구,

부옇게
소금이 내려앉은
갯벌
등속과
백합이 폐사한
뻘 속에 몸을 박고
바닷바람에
황소울음을 울고 있는
빈
소주병.

양파

빨간
순정에다
켜 곡
켜 곡
포개 놓은
하얀
수줍음

발가벗겨져
칼도마 위에서
난도 되는
눈부신
나신(裸身)

끝내
눈물 속에
난도질 당하는
매운
편린들,

탈북자

피에
굶주려
충혈된
눈빛
번뜩이는
승냥이 숲을
빠져나와.

내 딛으면
쩌-엉 쩌-엉
갈라지는
설원음판의
사선을 넘어

바람 앞에
자지러지는
촛불 같은
목숨을 켜고

절망에
발목 잡힌

까만 밤
남십자성에로
날개를 파닥이는
파랑새.

6 2 5

이념의
불탑에다
까마귀들이
까악까악
거품을 토하는 순간
온 누리는
이내
화염에 휩싸였다.

제국주의에 시들고
문화마저 말살당한
머데깐 육신과
고갈된 영혼에
뿌려진
피
눈물은
그래도 겨나아가던
굳은 맥세을
저주의
귀마 솥에다
증오로
부글부글
끓어 오르게 했다

쩔으져
맞 선
동의

반쪽들이
살상의 마당에서
무독사의 독기로
피를 튀기는 동안
치마폭에 싸인
어리디 어린
새끼들만
두렵고, 서러워
숨죽인 울음만
울고 있었다.

의 미

풀벌레 마저
울다 잠든
소슬한
견선의 밤
창호 위로 떠오르는
만월을 올려다 본 후에야
품엣자식을 떠나 보내며
눈물 훔쳐서던 손 내 저으시던
어머니
그 사랑의 의미를 알게 되지

무서리 내린
과수원에서
빈 나무 꼭대기에 매달려
까치를 기다리는
농익은 과일 하나
삭풍 이는 밤 하늘에서
처량케 떨고있는
별들과 눈이 맞은 후에야
봄비에 떨어져
대지를 덩굴던
꽃
그 희생의 의미를 알게 되지

한동안
소식을 놓은
친구의
병 문안을 다녀온 후
문득
거울에 비친
제 얼굴에서
피어나는 검버섯을 발견한 후에야
삶
그 인고의 의미를 알게되지

나.

설움의
계절에서
모두를 버려야
모두를 얻을 수 있다는
자연의 섭리따라
가까이 다가온
겨울에게
하나
둘
아니
모두를
벗어주고 있는
단풍
나무
아래

지천명(知天命)의
벤치에 앉아
행여
무엇을 잃을까
전전
긍긍
하고 있는
나.

울고 싶습니다.

비는
울지 않습니다
그 자체가
눈물이 때문입니다

어느날
그냥
펑펑 울고 싶을 때가 있습니다
그러나
메말라 각박한 현실은
이마저도 쉽게 용납질 않습니다

상현이든
만월이든
하현이든
달은
외로움 입니다
어느 한적한 산골
처연한 눈빛으로
새벽 빈 하늘을 돌아가는 달은
그나마
밝은 외로움일지 모릅니다.

눈꽃섬으로
외로움과 고독이 녹아 고입니다
어느날
갑자기 내려 쏟는 소낙비처럼
농도 짙게 눈물섬에 고여있는

이 외로움과 고독을
"펑펑"
세상이 흠뻑 토록 쏟아내며
울고 싶습니다
마냥
그렇게
울고 싶습니다

나는
오늘 밤
무명초 한자루을 다 태워
이 시 한 수를 얻습니다

마음 모를 사나이가 있었습니다.

행복과는 거리가 먼
그것을
슬이라는 이름으로 달래며 사는
그래서
더더욱
행복과는 거리가 멀다고 느끼는
그런 사나이가 있었습니다.

산다는 것이
마음 먹기에 달렸다는 것을
어렴풋이나마 알고는 있으면서도
정작 제 마음을 알지 못하고
제 마음을 제어하지 못하는
그런
마음 모를 사나이가 있었습니다.

어제의 해와
어제의 달이
오늘의 해와
오늘의 달이
그리고
내일의 해와
내일의 달이
근본으로는 다를 것이 없는
매 한가지의 일상인데도
그는
매일의 해와 달이
슬프기도 하고
외롭기도 하고
아프기도 하다고 여기며 사는
그런 바보같은 사나이가 있었습니다

정말 혼자 놀이
마음 먹기에 달렸다는 것을
어렴풋이나마 알고 있으면서도
슬픔으로
외로움으로

아픔으로만 달려주고 있던
그런 마음 모를 바보같은 사나이가 있었습니다

장모님전 비문

억겁
태산바위의 자태로
백년
풍우 관성
질풍노도 같던 세월 속에서
자식들을
조개 속의 진주로 키워내시고
별이 되신
어머니

그 없는 은혜 기리고자
이 비문을 올립니다

어머내!
청상의 세월에 이별하신 아버님과
저 국락에서 해후하시고
끝 없는 복락 누리소서

2025년 1월 18일
자식 일동

80년이란 세월이 아득한 듯도 싶지만
어느 면에서 보면 한편의 인생 영화

최신작 편

상처의 영광

풍우찬설의 걸목에서
어디
한번 쯤
상처 받지 않고 핀 야생화가 있겠는가

만고풍상
인고의 세월 속에서
크든
작든
가슴에다 대못 하나쯤을 박고 살아내는
뒤안길의
군상들

백년동안 네번에 걸쳐
살육의 박해로
예수를 믿는 민초들을 주검으로 내 몬
그 상처의 토양에서도
결국은
그리스도의 광영이 꽃을 피우지 않았던가

상처란
내면의 장벽 밖에서는 치유 될 수 없는 것
그것은
오로지
믿음과 관용
그리고
꺾이지 않는 자기 의지와 투지만이
상처 입은 조개가 진주를 품어 키워내듯
상흔마저도
크나큰 영광으로 승화시킬 수 있는 것

인고의 삶

경천동지의 호통으로
번개가 하늘을 젖지 않아도
신이시여
인간은 충분히 두렵습니다

솜은 악어 도사리고 있는 강가에서 목을 빼고
갈증을 해소하고 있는 얼룩말과 누의무리같은 삶이 두렵고
치타가 잠은 영팔다를 사이에 두고 살기 떨이 이빨드러내
대치하고 있는 라이에나 떼와 사자들은 각축라는 삶이 두렵고
순탄한 흐름에서 예기치 못한 폭포를 만나
깊애 물가둥으로 떨어져다 바위에 주걱겨는 물고기 같은 삶이 두렵고
탄생에서 주검에다 처놓은
흔들리는 와줄을 타고 있는
우리네 삶이 두렵습니다

그러나
엄습한 공포 속 칠흑의 밤
언뜻언뜻 마주침 사이에서 눈을 뜨고 말을 건네는
별에게서 희망을 전하여 듣습니다

어제 밤
뇌성 번개에의 폭우 속 거센 바람에
엎어져 울고, 또 울었어도
이 아침
맑은 햇살에 세수한
아무도 눈여겨 보아주지 않는 외진
풀숲에 숨어 핀 보잘 것 없는 풀꽃이
인고 속
생존의 의미을 말하고 있습니다.

미래 자신의 존재를 위하여

지금
그대
어디에 도달해 있는가
무엇인가라도 성취해낸 것이 있는가
거설
아무것도 이룬 것이 없다
그
어떤 것도

그러함에도
지금
그대의 마음은 어디로 향해 있는가
혹
이루지 못한 것에 대한 체념을 하고 있지는 않은가
그렇다면
주저앉으라
부처의 자세로 주저 앉으라
그리고
명상하라
명상은 무명으로 목마른 자승에다 지혜의 샘을 파는 일일지니,
또한
더 이상 내 물길 갈 수 없는 추락의 현실이라면
그대 차라리 폭포수가 되어라
바위를 깎아내는 손결은 오직 장엄한 폭포수 뿐일지니
절망의 계곡에 떨어지는 칼날이 되어라

그대여
명상하라
의미 없는 시간, 공간, 존재란 없다
비전의 빛자루을 들이라 그리고
과거부터 쌓아온 체념과 절망들을 쓸어내어라
애드벌룬에 가스를 충전하듯
공허한 체념과 절망의 마음공간을 터질 만큼의 열정으로 채운
존재로 탈바꿈을 하라

주사발 수풀 너머
성공의
성에서
왕관을 쓰게될
미래의 자신을 위하여

무인도

검푸른
바다의 살갗이 돋아난
섬마처

깃 접어 피신한
바다새를 품에 안고
깔딱
깔딱
파도에 잠겼다
등을 보이며 일어서는
섬,

엎드려
달빛 가득한
수면에 제 그림자 비춰보며
억년 전 용암의 전설을 반추하는
늙은
곰추억
섬,

행여
머-언
옛
인연의 소리 들을까
지나는 여객선에 귀를 세운
독거
노인의
섬,

나는 작은새

나는
작은 새
낮은 산
숲에서
노래하는
작은 새

나는
작은 새
밤이면
밤마다
기러기처럼 날아
꿈에 그리던
별에로의 여행을 하는
작은새

나는
작은 새
아침이면
풀끝에 맺힌 이슬을
보석이게 하는
우주의 은총
그 은총의 햇살을
온 몸으로 맞아들이는
작은새

나는
작은 새
낮은 산
작은 숲에다
꿈으로 궁전을 짓고
노래하며 사는
작은 새

지금 내가 처한 현실이 내 인생
전체의 삶이 아니다

지금
내가 처한 현실이
내
인생
전체의 삶이 아니다

대나무가
하나의
마디로
한 시절의 삶을 매듭지었다 하여
그 하나의 마디가
대나무 전체의 삶이라 할 수 없듯이

소나무가
연륜의 세월을
하나의
나이테로
응어진 삶의 흔적을 남겼다 하여
그 하나의 나이테가
소나무 전체의 삶이라 할수 없듯이

우리네
인생도
그저 시류따라 마디를 만들고
나이테를 남기며
흘러가는
강물과 같은 것이다

대나무가 세월의 흐름 속에서
현실과 타협하거나 항거하지 않고
온전히 속을 비우며 살아가듯이
소나무가 계절의 흐름 속에서
한줄 한줄 나이테를 늘리며
연륜과 경륜을 더해가듯이

우리도
인생이란 여정 속에서
비워진 마음으로
주어진 현실을
옹골지게 살아내야 한다

2023년 5월
군에 입대하는 손자에게···

산다는 것은

산다는 것은
흐르는 것이다
계곡에서 가재와도 만나고
도랑에서 미꾸리붕어와도 만나
서로
악수하고 손잡아 흐르는 것이다

산다는 것은
맛의 조화를 따르는 것이다
모유, 그 맹탕의 맛에서
쓰디쓴 좌절의 맛
달디 단 성취의 맛들을
매운 현실의 맛에 섞어
누른 소 파세참결과득
그렇게 반죽하며 사는 것이다

그리하여 산다는 것은
피라미와도 손을 잡고
악어와도 화해하며
흐르고 흐르는 길목에서
쓴맛과 단맛
눈물의 매운맛이 다 섞여
다시 맹탕의 맛이 될 때까지
그렇게
무리를 따라가는 양처럼
살아가는 것이다.

바람개비

나는
모든 의미를
바람
당신에게만 두고 있는
바람개비 입니다

화단을 거쳐 온
당신의 미풍이
너무도 향기롭습니다
나는
그 향기에 취해
빙그르르
환희하는 마음을 돌립니다

어디에선가엔
태풍도 불겠지요

그러나
나의 바램은
오로지
봄 꽃 만발한
앞 산으로부터
꽃 향기 품어 불어오는
바람
바로 당신의 향기 바람입니다

오늘도
나는
무풍지대에 서서
당신을 향하여
목마른 발돋음을 하고 있는
바람개비 입니다.

無心의 道

반가부좌의 자세로
살포시 눈을 내려 뜬 채
내
마음 밖 마당을 내려다 본다

늦 봄의 어느 날
나비의 나울 춤사위로
꽃비가, 마당에 떨어져 내린다
관조하는 마음에 풍랑이 인다
나와 함께 애착하던 꿈들도 함께 떨어지고 있다는
안타까움 때문이다

여름의 어느 날
먹구름이 마당에 그림자를 드리우더니 소낙비가 내린다
마당의 번뇌장으로 두꺼비 한 마리가 슬금슬금 기어나온다
두꺼비를 둘러싸고 마당에서 갈등의 번뇌가 검투를 벌린다
검투사의 칼날에 마음을 베인다

늦 가을의 어느 날
서리가 내 머리에도 내렸다
붉은 잎들이 회오의 바람에 실려 어지럽게 맴을 돌다 떨어져 내린다
젊은 날 뜨겁게 갈망하던 나의 열정들이 빨갛게 피멍이 들어 바람에 날린다
낙엽의 붉은 피를 마신 나무의 색들이 고결 저들고 쑥쑥 자라 오른다

동지가 지나고
동장군이 번을 서고 있는 마당에로
펑
펑
함박눈이 쏟아진다
나는
눈을 슬며고 접어 들였던 빗자루를 내려 놓고
감당 되지 않는 눈발이 쏟아지는 하늘을 올려다 본다

워-매
이러다
한 길 넘게 눈이 쌓이면 어쩔거나

나는
문득
깨닫는다
道의 눈으로 보면 이 마당에 쌓이고 있는 것은 실체 없는 허상이란 것을
그 것은
내 번뇌가는 마음에 쌓이고 있는 집착일 뿐이란 것을
종래
재물을 향한 집착은 허벅지까지
명예를 향한 집착은 가슴팍까지
권력을 향한 집착은 어깨까지를 덮을 것이다
집착
그 집착에서 자유로울 수는 없는가
도 (道)
도에 안착해 있어야 한다.
봄 꽃같은 헛된 영화의 꿈을
복 두꺼비같은 망상의 부귀를
패망국의 겨레가 된 낙엽같은 재물을
눈처럼 쌓여가는 부질 없는 욕망을 사라지게하는
혜안의
도

그 도의 길은
정화가여 마음에 등 밝게하고
마음 마당에서 벌어지고 있는 일련의 일들을 그저 바라보는 일이다
시비하지도 말고
간섭하지도 말고
좋의 의미를 따지지도 말고
유리 잔에 받아 놓은 흙탕물 맑게 가라앉히듯이
지켜 볼 일이다
무심히
모든것
다
내려 놓고
지켜 볼 일이다.

나는 당신을 사랑합니다

나는
당신을 사랑합니다

그
사랑의 이유는

만년의 설원같은
순수로
억년의 풍랑의 닳고선
동해의 촛대바위 같은
굳건한
당신의 신의를 믿는 때문이여

한낮
작은 몸짓 하나에도
경자를 익히는
불가마 속 같은 열정으로
당신이
날 사랑하고 있음도 믿는 때문입니다

그리하여
당신은
날 사랑의 품으로 안아 당기는
영구 자석이 되고
나는
당신의 사랑에 당겨져 환희하는
아주
작은
쇠붙이 임을 아는 때문입니다.

호박꽃

서울
아파트
화단에
어느
시골
부잣집 맏며느리의
후덕한
얼굴로
핀
꽃

어젯밤
꿈에 보았던
친정집
어린 여동생처럼
살포시
찾아든
꿀벌
한 마리

아!
서울 살이가
그리
서운가
8월 하늘에서 내려 쬐는
햇살이
너무
뜨겁다.

침 묵

침묵은 입으로 말하지 않는 것이 아니라
가슴으로 하는 웅변이다
침묵은 세상에 대한 변명이나 항변이 아니라
마음으로 말하는 관용이며 포용이다
그리고 침묵은 자기 자신을 더듬어 성찰하는 더듬이이다

말이 넘쳐 소란한 세상 가운데서
어느 큰 사람이라도 입을 다물어야 한다
수 많은 말의 성찬이 차려진 잔치상에서
침묵은 진설을 담은 빈 접시이어야 한다

침묵은 우주이어야 한다
침묵은 남태평양의 심연이어야 한다
얕은 바다가 품지 못하는 온갖 바다 생물을 품는
어머니 품 속같은 심연이어야 한다
떠들고 주장하지 않아도 질서로 운행하는 천체이어야 한다

그러므로
침묵은
흙탕물 받아 안은 여름 장마 뒤의 저수지이어야 한다
황사 먼지 뒤집어 쓴 숲의 잠목같아야 한다.

겨울 산

고도
일만메타
여객기 안에서 울려다 본
하늘 바다엔 파도가 없다
터끌 조차 용납지 않은
절대의
섬
청정
감히 말조차 걸수 없는 절대의 엄숙

해발
삼백육십오메타
눈 덮힌
겨울산은
참회의 바람이 말을 걸면 눈물을
기쁨의 바람이 말을 걸면 미소를 배어내는
이제
막
고해소을 나와 참장깐 미사보를 쓴 여인이다
대설주의보의 눈으로도 가려지지 않은 암벽은 있어도
그러나
이 세상 어디 흠 없는자 있으랴

겨울 산은
회개껌으로 하나님을 영접하듯
봄에서 가을까지
감추어 놓았던 여밀림의 어둠을 벗어던긴
아베마리아 앞에 참장깐
죄를 씻은
미사보를 쓴 여인이다.

下心

하심의 마음자리에서
언제나
당신은
나의 윗전입니다

사랑은
섬김으로써
완전 할 수 있음을
하심하는 마음은 알기 때문입니다

당신 앞에 엎드린 나의 자세에서
언제나
당신은
나의 상전입니다

당신 앞에 엎드린 나의 자세는
굴복이 아닙니다
진정
사랑은
사랑하는 사람을 상전에다 앉히고
섬기는데서 비롯됨을
하심하는 마음은 알기 때문입니다.

거 울

내가
그의 앞에 섰을 때
그가
잔뜩
어둔 표정으로 나를 바라다 봅니다

나는
연민을 느끼어
어색하나마
그에게 미소를 띄워 봅니다
그러자
그도
이내 어색한 미소로 내게 답을 합니다

아마
세상도 그럴 겁니다
내가
세상에게 따뜻함을 보였다면
세상도 모르지 따뜻함으로 나를 대해 주었을 것이고
내가
세상에게 쌀쌀함을 주었다면
세상도 차갑게 나를 외면할 것입니다

나는
그를 통하여
내게 훠해진 모든 현실이
나로 인하여 읽어뒤어진 결과란 것을
비로소
깨닫고
터- 엉.
빈 마음 속으로 걸어들어 갑니다.

가을 손녀

할아버지
저 나뭇잎은 왜 노래요?
다섯살의 손녀는
노랗게 물든 은행나무를 올려다 보며 물었다.

그 것은
추울까봐서 색칠을 해 놓은 거란다.

가을이 어떻게 왔어요?
으응
그 것은
여름 내 열어 놓았던 창문으로 왔지

나는
창문으로 가을이 넘어오는 걸 못 보았는데

할아버지도
가을이 창문으로 넘어오는 것은 못 보았단다
그렇지만
가을이 어느새 우리가 모르는 사이에 몰래와서 저렇게
은행잎을 노랗게 색칠해 놓았잖니

가을은 화가인가 봐
저렇게 단풍나무도 빨간색으로 색칠해 놓은 것을 보면
그런데, 할아버지
저렇게 많은 물감은 어디서 났지?
으흠
네가 예쁜 꿈을 꾸고 있을 때
하늘에서 내려준 것이란다.

달과 강물과 새들은 기도하지 않는다

달은
기도하지 않는다
초순에서
하순까지
청명한 밤이나
먹구름 밤에도
오직
쉼 없이 궤도를 따라 흐를 뿐
온누리 밝은 만월이기를 바라지 않기 때문이다

강물은
기도하지 않는다
발원지
그 거친 계곡에서부터
평야를 가르는
호수같은 강폭에 이르기까지
그저
흐를 뿐
잔잔한 웅덩이나 폭포를 만나지 않게되길 바라지 않기 때문이다

새들은
기도하지 않는다
봄의 꽃 향연 공중에서나
광풍과 뇌성벽력의 여름
그리고
온누리 불타는 만추의 계절에도
그저
노래나 할 뿐
엄동설한의 겨울이 오지 않기를 바라지 않기 때문이다

달과
강물과
새들이 기도하지 않는 까닭은
공(空)의 가슴 기도로 채우지 않아도
이치와
섭리의 사유따라
흐르고
노래하는 것 만으로도
그들의 존재와 의미가
그들 안에 충만한 때문이다.

121

나의 삶

강물은 흘러 갑니다
왜 흘러가야 하는지를
마음에 두지 않고
그냥
그렇게
무심으로 흘러 갈 뿐입니다

장미는 피었습니다
꽃으로 피기 위해
아무런 획책이 없었어도
그냥
그렇게
꽃의 여왕으로 피었을 뿐입니다

나는
생명의 상처마다
근심과 걱정들을
차곡차곡 쌓아가면서
비오면 비오는대로
눈 오면 눈이오는대로
격변의 세상
무념, 무상으로
덕정을 딛고 선 바위 위에
촛불이 되어
세파에
그냥
이렇게
흔들리며 살아갈 뿐입니다

삶, 그리고 사랑

둘이서 서로
해가 뜨서 지는 것만을 바라보고 서였던
나의
잘어나는
자국가 제 스스로 돌고 있음을 아지 못했을 것이다

햇살이 반사되는 거울 앞에 앉아
떠난 사랑이 남기고 간 상처를 들여다 보고 있는
나는
사랑이란 것이 내가 준 것만큼만 내게 되돌아 온다는 사실을
알지 못했었다

겨의 죽음에서나 겨우 흔들리는
한 밤의 전적 속에서
나는
또 떠나 갈 사랑에 대한 배려는 접어둔 채
오직
떠나가서 돌아오지 않는 사랑에 대한 마음만을 앓고 있다

삶도
사랑도
불빛 찾아와 맴돈다
전등에 부딪쳐 빙그르 르 맴을 돌며
마음을 다독이는
부나비 같은 것.

| 해설 |

삶의 참된 존재를 찾기 위한 시 쓰기
―황규현 시집 『춘추(春秋) 80년의 역정(歷程)』

이오장(시인, 문학평론가)

  황규현 시인의 작품을 삶을 실존적으로 고찰하고 의식적으로 결단하는 참된 존재 찾기를 위한 시 쓰기라고 할 수 있다. 작품 전체를 관통하는 삶의 길을 살펴보면 특별한 혜안의 눈빛이 벅차다. 이것은 인간이 두려워하는 죽음을 향한 존재와 일상성을 대립시키려는 철학적인 사유에서 일어난다. 이것을 시인의 현존재라고 말할 수 있으며 의미를 드러내는 인간의 특성을 설명한다는 뜻이다.
  시인은 삶에서 불가피하게 생겨나는 모든 대립과 모순을 일치시키려는 의도를 가지는데 본래의 성찰을 이뤄가고 자기 존재의 특성을 향한 의지를 드러내려는 작업이다. 철학적으로 본다면 죽음 앞에서 결단을 내리는 존재이고 다른 사람의 고난을 진지하게 수용하며 본래의 실존으로 설 수 있는 진지한 수행과정이다. 허무의 늪에서 벗어나 무의미에서 의미를 찾아가며 삶의 허위의식과 허구를 비웃지만 냉소적으로만 빠지지 않는다. 현대사회의 온갖 허구적인 모습을 생각한다면 이런 의도는 흥미롭지만 이렇게 행동할 수 있는 사람은 시인 뿐이다. 또한 자신의 존재를 결단할 수 있으며 어느 순간에도 의미를 드러낸다. 철학적으로 보면 도덕주의적 이론을 파괴하는 철학의 다른 모습이다. 객체화되고 물신화된 문명이 오히려 존재를 매몰시켜 역설적으로 변하는데 이를 삶의 과정에서 형성된 이성으로 극복해 나간다. 삶은 냉소를 넘어 그것과 거리를 둔 실존주의적 태도와 철학을 필요로 한다.

시대의 한계와 모순을 냉소적으로 바라보는 거리 두기, 또는 무관심을 넘어 사회가 필요로 하는 존재론적 의미와 결단을 염두에 두는 선도적인 행위는 또 하나의 사상이 되어 허무주의를 일으켜 세운다. 슬픔을 이겨내는 언어로, 기쁨은 도를 넘지 않는 절제로, 욕망은 과감하게 사그라지게 하는 심리적 안정으로 이끌어간다. 냉소적인 이성은 그것 자체로도 새로운 계몽을 이끌어내는 철학적인 사유로 언어로 집약시키는데 그 언어는 일상을 벗어나지 않는 그야말로 평범하다. 무의미를 의미로 바꿔 새로운 자연을 그리면서 물질과 과학의 발달로 허물어진 시대의 아픔을 포용하고 헛된 권위와 물신풍조에 매몰된 현실을 정신적으로 안정을 찾게 하는 일이다. 이것은 허구와 허위의식으로 규정하면서 이를 해체

하고 넘어서려는 냉소적 이성 비판이 강한 힘이 있다는 것을 말하지만, 시대가 냉소적인 까닭은 무의미와 허무가 지배하는 사회에 그것을 극복할 근원적 의미를 발견하지 못했기 때문이다.

황규현 시인은 죽음에 매몰된 시간이나 신이 떠나버린 가난의 시대, 또 채워질 수 없는 자본이 인간의 존재를 허물어뜨리는 허무의 시대에 살고 있다. 시인은 인간이 인간답게 살지 못하고 지성은 지성으로 움직이지 못하는 위선을 과감하게 끄집어내고 오직 삶에서 얻은 체험적인 언어를 새롭게 구성하여 삶의 의미를 지성으로 펼친다. 그것을 강조하기 위하여 전체를 육필로 다듬어낸 정성을 보여주고 있으며 거듭 증명하기 위하여 제목을 '춘추(春秋) 80년의 역정(歷程)'으로 정하고 독자를 만나는 것이 아니라 인간을 만나는 심정으로 작품을 그려냈다.

1. 만인을 언어 공동체에 합류시키는 정신세계

시인이 시를 쓴다는 것은 개인만의 문제가 아니다. 물론 스스로의 정신세계를 발전시키는 것이지만 만인을 언어의 공동체에 편입시키는데 더 큰 의미를 가진다. 단순히 사회적으로 이미 이뤄진 언어를 받아들여 그대로 익히는 게 아니고 체험적인 철학적 언어로 공동체의 정신과 만난다. 그것은 모든 언어 속에는 이미 특수하게 이룩된 정신세계가 살아 있기 때문이다. 언어 속에 실현된 언어공동체에 자신의 의식구조를 알맞게 집어넣는 것이지만 이미 실현된 인간상을 간직하고 그대로 구현하지 않는다. 공동의 의식구조를 시인의 정신에 맞춰 새로운 공동체 언어를 찾는다. 교육학 인간학 등 사람이 기본적으로 지닌 정신세계를 비단 위에 올려놓듯 새로운 세계의 문을 앞장서서 여는 것이다.

침묵은 입으로 말하지 않는 것이 아니라
가슴으로 하는 웅변이다
침묵은 세상에 대한 변명이나 항변이 아니라
마음으로 말하는 관용이며 포용이다
그리고 침묵은 자기 자신을 더듬어 성찰하는 더듬이
이다

말이 넘쳐 소란한 세상 가운데서
어느 한 사람이라도 입을 다물어야 한다
수많은 말의 성찬이 차려진 잔칫상에서
침묵은 진실을 담을 빈 접시이어야 한다

침묵은 우주이어야 한다
침묵은 남태평양의 심연이어야 한다
얕은 바다가 품지 못하는 온갖 바다 생물을 품는
어머니 품속 같은 심연이어야 한다

떠들고 주장하지 않아도 진리로 운행하는 천체이어
야 한다

　　그러므로
　　침묵은
　　흙탕물 받아 안은 여름 장마 뒤의 저수지이어야 한다
　　황사 먼지 뒤집어쓴 숲의 잡목 같아야 한다
　　　　　　　　　　　　　　　　－「침묵」 전문

　사람에게 가장 어려운 일을 꼽으라면 말하지 않는 것이다. 말을 하지 않는 건 고문이며 사회에서 제외된다는 위기감을 갖는다. 모든 사람은 자기 의사를 주장할 자유와 권리가 있다. 그것을 상실한다는 건 죽음보다 더한 고통이다. 계절마다 묵언 수행을 하는 절집의 승려들도 그 기간이 가장 힘들다고 하소연하는 것을 보면 말하지 않는 것이 얼마나 큰 고통인지 알 수 있다. 그러나 침묵은 말하지 않는 것이 아니다. 입을 다물고 조용히 있다는 것은 말할 기회를 놓치는 게 아니라 참는다는 것으로 인격적인 말 없음이다. '침묵은 금이고 말하는 것은 은'이라는 격언은 말하지 않는 게 아니라 참는다는 뜻이다. 여기서 시인은 이것을 강조한다. 말을 하지 않는 게 아니라 가슴으로 하는 웅변, 변명이나 항변이 아닌 관용이며 포용이라는 철학적인 주장은 종교적인 교리에도 강조되는 교훈이지만 이것을 지키는 사람은 거의 없다. 가만히 있으면 잊힌 사람이 된다는 강박관념에 사로잡히는 사람의 본성은 말을 참지 못한다. 그것을 참는 자가 이기는 것이며 삶을 제대로 사는 사람이라고 한다. 말이 넘쳐 소란한 세상에 말을 내세우지 말고 세상을 굽어보는 관용을 키워야 한다는 교훈은 우주의 넓이로 세상을 바라보려면 말보다 포용심을 길러 심연의 자세로 살아가라는 체험적인 삶의 길을 제시한다.

산다는 것은
흐르는 것이다
계곡에서 가재와도 만나고
도랑에서 미꾸리 붕어와도 만나
서로
악수하고 손잡아 흐르는 것이다

산다는 것은
맛의 조화를 따르는 것이다
모유, 그 맹탕의 맛에서
쓰디쓴 좌절의 맛
달디단 성취의 맛들을
매운 현실의 맛에 섞어
누운 소 되새김질하듯
그렇게 반추하며 사는 것이다

그리하여 산다는 것은
피라미와도 손을 잡고
악어와도 화해하며

> 흐르고 흐르는 길목에서
> 쓴맛과 단맛
> 눈물의 매운맛에다 섞어
> 다시 맹탕의 맛이 될 때까지
> 그렇게
> 무리를 따라가는 양처럼
> 살아가는 것이다
> 　　　　-「산다는 것은」 전문

　산다는 건 무엇을 보고 듣고 느끼는 것만이 아니다. 동행하는 누군가를 확인하는 일이다. 홀로 사는 사람은 없다. 득도의 과정에 든 사람일지라도 다른 사람을 위하여 고행의 길을 걷는다. 그러므로 산다는 건 나를 상대방에게 인식시키고 비교하는 일이다. 그것은 사람에게 한정된 것이 아니라 모든 사물과 현상에게도 마찬가지다. 하늘을 보고 높다고 하는 것은 끝을 모르기 때문이지만 산을 보고 높다고 하는 건 높이를 알고 있기 때문이다. 그런 이유로 앎과 모르는 차이는 클 수밖에 없지만 대부분은 그것은 인식하지 못한다. 힘들면 어렵다고 포기하고 즐거우면 좋다고 넘치는 게 사람이다. 시인은 삶의 이치를 정확히 짚는다. 사는 것은 흐르는 무엇과도 함께하는 일이라는 것을 깨닫는다. 모든 것과 합류하여 적응하는 길이 진정으로 살아 있다는 것을 증명하는 일이다. 맛의 조화는 이때 알게 된다. 쓴맛이 먼저면 단맛을 강하게 알게 되고 단맛을 먼저 알면 쓴맛을 이기지 못하는 게 우리의 삶이다. 좌절을 겪은 사람이 성공의 기쁨을 크게 느끼며 좌절을 모른다면 성공과 삶이 무엇인지를 모른다. 시인은 그것을 맛에 비유하며 조목조목 살펴 나간다. 작고 큰 것의 차이는 없으며 악인과 선인도 없는 것이 기본이지만 우리는 선입견을 갖고 무엇이나 경계한다. 그 경각심이 삶을 황폐하게 만드는 원인이 된다는 것을 모른다. 쓴맛과 단맛 눈물의 매운맛까지 겪어봐야 비로소 삶을 알 수 있다는 시인은 맹탕의 원리를 그려 산다는 것의 의미를 찾는다.

2. 자연과 합일되는 삶의 의미를 찾아가기

시인은 자신이 지닌 언어 속에 자연적이고 현실적인 체험을 담아내는 선험 자다. 언어의 힘은 기계적으로 되풀이되거나 멈추는 것이 아니고 끊임없는 삶의 확장력을 가지고 앞으로 나간다. 그러나 논리적이고 철학적으로 앞서가는 것이 아니라 관찰되지 않을 만큼의 포괄성을 가졌다. 즉 어떤 대상이나 현상을 일정한 범위나 한계 안에 모두 가둬 놓고 선험적인 체험의 언어를 구사한다. 시인의 사유와 이를 통한 인간의 삶과 언어에 의한 지배적인 힘으로 사회에 영향을 주는 그런 시를 쓴다. 고희를 넘긴 때에 무엇을 잃고 무엇을 얻었느냐가 중요한 게 아니라 무엇을 남겼느냐가 중요하다는 인식으로 기본적인 삶에서 벗어나지 않는 그림을 통상적인 관찰로 풀어나간다. 물에 사는 물고기가 삶을 위하여 물이 얼마나 지배적인 영향을 가졌는가를 알 수 없는 것과 마찬가지로 하늘과 땅의 원리에서 느낀 믿음의 세계를 중시하고 자연과 합일 되는 삶의 의미를 찾아간다.

    풍우한설의 길목에서
    어디
    한 번쯤
    상처받지 않고 핀 야생화가 있겠는가

    만고 풍상
    인고의 세월 속에서
    크든
    작든
    가슴에다 대못 하나쯤을 박고 살아내는
    뒤안길의
    군상들

    백 년 동안 네번에 걸쳐
    살육의 박해로
    예수를 믿는 민초들을 주검으로 내 몬
    그 상처의 토양에서도
    결국은
    그리스도의 광명이 꽃을 피우지 않았던가

    상처란

내면의 장벽 밖에서는 치유될 수 없는 것
그것은
오로지
믿음과 관용
그리고
꺾이지 않는 자기 의지와 투지만이
상처 입은 조개가 진주를 품어 키워내듯
상흔마저도
크나큰 영광으로 승화시킬 수 있는 것
― 「상처의 영광」 전문

  빛나고 아름다운 영예는 아무나 갖지를 못한다. 사람끼리의 영광은 아무나 가질 수 있으나 하늘의 영광은 믿고 따르는 자의 전유물이다. 특히 자연에서 얻어지는 영광의 수확은 온갖 시련을 겪은 자에게 돌아간다. 예수께서는 하늘의 아들로 이 땅에 내려와 인간의 오욕을 지우고 선을 위하여 악을 물리치는 사랑의 실천으로 하늘의 명령을 땅에 펼쳤다. 그 과정은 말로 표현할 수 없는 억압 받는 길이었으며 험난한 여정이었다. 하지만 굴하지 않는 실천으로 인간의 심리를 사랑으로 바꿔가는데 생을 바쳤다. 끝내 억압의 순간을 맞이하여 하늘로 돌아가는 기적으로 사랑의 길이 무엇인지를 가르쳤고 지금도 그대로의 실천을 보여주는 믿음을 가지게 한 성인 중의 성인이다. 영광은 그런 상처를 가져야 얻을 수 있는 것이다. 현세에 그런 실천을 보여주는 사람은 없다고 해도 과언이 아니다. 오직 예수를 믿으며 그것을 바라지만 몸소 실천하지 못하는 사람들, 그런 사람들을 위하여 시인은 말한다. 상처를 두려워하지 말고 헌신의 길을 간다면 상처 입은 조개가 진주를 키워내듯 그렇게 성인이 되는 것이라고, 상처는 내면의 장벽 밖에서는 치유되지 않고 오직 타인을 위한 희생으로 치유되며 그런 상처에는 반드시 진주가 만들어지는 진정한 의인이 된다는 명령이다. 그것은 믿음과 광영 그리고 꺾이지 않는 의지와 투지로 이뤄지며 그 이룸이 크나큰 영광이라는 것을 강조한다.

　　달은
　　기도하지 않는다
　　초순에서
　　하순까지
　　청명한 밤이나
　　먹구름 밤에도
　　오직
　　쉼 없이 궤도를 따라 흐를 뿐
　　온누리 밝은 만월이기를 바라지 않기 때문이다

　　강물은
　　기도하지 않는다
　　발원지
　　그 거친 계곡에서부터
　　평야를 가르는
　　호수 같은 강폭에 이르기까지

그저
흐를 뿐
험한 물살이나 폭포를 만나지 않게 되길 바라지 않기 때문이다

새들은
기도하지 않는다
봄의 꽃 향연장에서나
광풍과 뇌성벽력의 여름
그리고
온 누리 불타는 만추의 계절에도
그저
노래나 할 뿐
엄동설한의 겨울이 오지 않기를 바라지 않기 때문이다

달과
강물과
새들이 기도하지 않는 까닭은
공空의 가슴 기도로 채우지 않아도
이치와
섭리의 시류 따라
흐르고
노래하는 것만으로도
그들의 존재와 의미가
그들 안에 충만한 때문이다
　　─「달과 강물과 새들은 기도하지 않는다」 전문

운명, 다시 말하여 인간을 포함한 우주의 일체를 지배한다고 생각되는 초인간적인 힘을 안다는 것은 인간으로서는 가장 위대한 일이다. 그러나 운명을 알고 인간을 인간답게 인도한 사람은 없다. 4대 성인이 있지만 추상적일 뿐 우주 전체와 섭리를 알아내지는 못했다. 다만 그런 길이 있다는 것을 각인시켰을 뿐이다. 이에 비하여 숙명은 날 때부터 타고난 운명을 말하는데 운명은 모르지만 숙명은 어느 정도의 인식을 가지게 되는데 그때도 인생 후반부에 들어 삶의 성찰을 이뤘을 때다. 시인은 운명과 숙명의 진리를 정확히 파악하였다. 달의 운명은 지구에 있다. 45억 년 전 지구에서 떨어져 나가 지금 자리에서 조금의 변함이 없이 지구를 공전한다. 지구가 자전과 공전에 의한 변화에도 같은 위치를 고수하는 달의 운명은 그렇게 정해졌으므로 기도할 발표 없이 순응하면 된다. 강물도 마찬가지다. 물은 흐름으로 이뤄진 액체다. 낮은 곳으로 모이는 것은 습성이 아니라 운명이다. 여기에 비하여 새는 동물이다. 날개를 가졌으므로 아무 곳이나 어느 때나 날아가는 자유가 있을 것 같지만 철새도 언제나 같은 곳을 오고 가며 텃새는 동네 밖을 모른다. 그야말로 숙명을 알고 있다. 달과 강물과 새들이 모두 자신의 운명을 알고 그대로 따르는 것은 숙명의 섭리를 알기 때문이다. 그러나 사람은 운명을 알지 못하면서 숙명을 따르지 않는 역행의 삶을 고집한다. 시인은 이것을 지적한다. 자연에 따라 신의 섭리로 살아간다면 모두가 평화롭고 안정된 삶을 살 텐데 왜 다투고 전쟁까지 해야 하는가. 존재의 의미와 충만을 모르기 때문이라는 혜안이 빛난다.

3. 자기 이해에서 변화되고 실현되는 과정의 결과물

　황규현 시인의 특성을 다시 짚어본다면 다른 어떤 것보다 삶을 천착하는 힘과 현재를 성찰하는 데 있다. 성찰이란 자신의 존재와 그에 대한 이해에 근거하여 자연과 세계, 타자와 역사의 의미를 되돌아보는 과정을 말한다. 따라서 시의 언어예술, 삶의 역사는 시인의 자기 이해에서 변화되고 실현되는 과정이자 결과물이다. 시의 특성은 성찰 없이 존재하지 못한다는 것을 삶에서 체득한 결과다. 이런 특성은 자신의 얼굴을 거울에 비춰보며 자신의 모습을 이해하는 진화적 과정에서 생긴 능력이다. 일반인과는 확연한 차이를 보이므로 시인을 성찰의 존재라고 해도 과언이 아니다. 한 시대의 문화와 사회는 결국 시인이 지닌 자기 이해에 의해서 형성되고 예시가 없더라도 삶을 보여줄 수가 있다는 증명이다.

　　하늬처럼
　　높새처럼

태풍 앞에 숨은 바람처럼
　　그렇게
　　한 생을 살다 간 삶이
　　여기
　　누워 있다

　　박토에 싹을 틔운 밀알처럼
　　바닷바람을 막아선 송림처럼
　　이국을 떠도는 지사처럼
　　새벽 달빛 아래 이슬에 젖는 철학처럼
　　그렇게
　　세상을 살다 간 삶이
　　여기
　　누워 있다

　　탄생에서 주검까지
　　진주를 품은 조개처럼
　　옹골진 마음을 키워내어
　　떠도는 행성일망정
　　별이 되고 팠던 삶이
　　여기
　　누워 있다
　　　　　　　－「비문」 전문

　"우물쭈물하다가 내 이렇게 될 줄 알았다"라는 버나드 쇼의 비문은 전 세계인의 고개를 끄덕이게 했다. 과거에는 50년 밖에 되지 않던 인간의 수명이 현제에 이르러

80년이 넘었다고 하지만 우주의 시간으로 본다면 그 기간은 그야말로 순간이다. 이것은 누구나 겪는 일이지만 그때에 도착하지 않는다면 아무도 깨닫지 못한다. 우물쭈물하다가 또는 남과 싸우다가 스스로에게 지고 마는 게 인생이다. 그것을 미리 안다고 해도 욕망으로 점철된 인간에게 그 말을 아무리 한다고 해도 우이독경일 뿐이다. 시인은 그 점을 알게 되는 삶의 후반부에 도착하여 지나온 삶을 되돌아본다. 참으로 허무하다. 남긴 것은 무엇이고 가진 것은 아무것도 없고 가져갈 수도 없다. 이런 것이 인생인 줄 진즉 알지 못한 후회가 급습한다.

 사후 무덤 앞에 무엇인가 남기는 것도 아무런 의미가 없다. 그렇지만 살았을 때 한 번이라도 생각하지 않는 사람은 없다. 서쪽에서 일어나는 하늬바람에 시원함을 느끼고 동쪽에서 불러오는 메마른 높새바람에 우왕좌왕하다가 뿌리 뻗지 못할 박토에서 싹을 틔운 무모함, 막지도 못하는 바람 앞에서 부린 호기, 달빛 아래서 부른 노래는 다 무엇이고, 삶과 죽음을 논한들 무엇이 달라지는가. 시인은 그것을 타파할 길을 찾지 못하지만 그래도 자랑할 만한 것을 남겼다는 자부심을 가진다. 상처를 치유하면 남기는 진주처럼 옹골진 마음으로 한 생의 길을 왔지 않은가. 그것이면 족하다. 그래서 비문을 미리 쓴다. 별이 되고 싶었던 하나의 삶이 여기 누웠노라고⋯

 소란한
 세상에 귀를 닫고

소리들
메아리로 되돌리는
산은
말없이 존재하라 이른다

포란으로
알껍질 속의 병아리를 깨워내듯
결빙의 겨울을 품어
꽃 피고 새 우는 봄을 열어낸
산은
말 없이 인고의 세월 가슴에 품어라 이른다

무궁히
멸하지 않을 지혜의 길목에서
조용히 명상으로 앉아
목까지 차올랐던 여름의 폭염
무던한 가슴에다 삭여내고
가을옷 단풍으로 갈아입은
산은
가슴에다 인고의 세월 삭여내어
말 없이 그렇게 존재하라 이른다
          -「산」 전문

   산은 높이로 말한다. 부근의 땅보다 월등히 높지 않아도 산이라 부르는 이유는 눈높이보다 높이 잘 볼 수 있기 때문이다. 높이로 인하여 흐름을 만들기 때문에 산이라고 부른다. 그런 이유로 인간의 우상이며 상징이고 존재의식을 갖게 하는 자연이다. 산의 형성은 화산 불출로 인하여 솟구치거나 지각변동으로 인하여 깊이가 생기고 깊이에 비하여 높아지는 이유로 탄생하는데 현존의 산은 지각변동으로 인하여 나타난 현상이다. 우러를뿐 포용하지는 않는 산, 오를 수는 있지만 소유하지 못하는 절재불가의 존재가 산이다. 시인은 산의 존재를 인간사에 비유하여 부각하고 삶의 가르침을 설파한다. 무엇이든 받아주지만 다시 돌려주는 산, 어떤 현상에도 말하지 않고도 지혜를 주는 산, 인고의 세월을 품었어도 자랑하지 않고 자연 그대로 보여주는 산의 가르침을 현세를 사는 인간에게 전한다. 산은 말하지 않는다. 산은 움직이지 않고도 말한다. 산은 자연을 전해주면서도 자랑하지 않는다. 모든 것인 인간과 비교되며 희로애락 전부를 알려준다. 예로부터 산에 대한 철학적인 가르침은 많았다. 나옹화상의 산은 지금뿐만 아니라 영원히 남을 삶의 가르침이고 시인의 산도 마찬가지의 역할을 할 것이다.

4. 자신의 모습을 이해하는
   진화적 과정에서 생긴 삶을 천착한 능력

황규현 시인의 작품은 삶을 천착하는 힘과 현재를 성찰하는 데서 탄생한다. 성찰이란 자신의 존재와 그에 대한 이해에 근거하여 자연과 세계, 타자와 역사의 의미를 되돌아보는 과정을 말한다. 따라서 학문과 예술, 문화와 역사는 시인의 자기 이해에서 변화되고 실현되는 과정이자 결과다. 이런 특성은 자신의 얼굴을 거울에 비춰보며 자신의 모습을 이해하는 진화적 과정에서 생긴 삶을 천착한 능력이다. 일반인과는 확연한 차이를 보이므로 시인은 성찰의 존재라고 할 수 있을 것이다. 시인의 시대정신은 인간을 이해하고 표상하는 틀을 결정하지만 또한 시대정신을 통해 드러난 이해가 사회와 문화의 체계를 형성하는 근거가 되기도 한다. 자신이 살아온 길의 정면을 응시하는 것이 아닌 측면을 보는 눈에서 발현한 작품들이다. 시대정신에 이해 상호작용하면서 현상적인 문화를 형성하고 삶을 성찰한 결과물이다. 작품 대부분이 현재를 사는 인간 이해의 중심에 두는 자기 이해와 표상은 과거의 경험과 미래의 결단에 의한 현재라는 시간에 집약되어 재현되기 때문이다. 노익장을 과시하는 것이 아닌 진심으로 삶의 방향을 그려낸 것이라고 할 수 있다.

춘추80

1판1쇄 : 2025년 11월 5일

지은이 : 황규현
펴낸이 : 김정현
펴낸곳 : 도서출판 Gaon
편　집 : Gaon

주　소 : 유네스코문학창의도시 부천시 길주로 460, 1106호
전　화 : 032-342-7164
팩　스 : 032-344-7164
E-mail : kjsh2007@hanmail.net /906kjh@naver.com

ⓒ 황규현 Printed in Korea

출판등록 : 2011. 7. 14
ISBN : 979-11-7535-006-9(03810)
값 · 12,000원

무단 전재와 복제를 금합니다.
도서출판 가온은 농인聾人과 함께합니다.
잘못된 책은 본사나 서점에서 교환해드립니다.